BEI GRIN MACHT SICH IHR WISSEN BEZAHLT

- Wir veröffentlichen Ihre Hausarbeit,
  Bachelor- und Masterarbeit

- Ihr eigenes eBook und Buch -
  weltweit in allen wichtigen Shops

- Verdienen Sie an jedem Verkauf

Jetzt bei www.GRIN.com hochladen und kostenlos publizieren

Führungssystem der Bundeswehr und das Organisationslernen

Christian Adams

Bibliografische Information der Deutschen Nationalbibliothek:

Die Deutsche Nationalbibliothek verzeichnet diese Publikation in der Deutschen Nationalbibliografie; detaillierte bibliografische Daten sind im Internet über http://dnb.d-nb.de abrufbar.

ISBN: 9783656387091
Dieses Buch ist auch als E-Book erhältlich.

© GRIN Publishing GmbH
Trappentreustraße 1
80339 München

Druck und Bindung: Books on Demand GmbH, Norderstedt Germany
Gedruckt auf säurefreiem Papier aus verantwortungsvollen Quellen

Das vorliegende Werk wurde sorgfältig erarbeitet. Dennoch übernehmen Autoren und Verlag für die Richtigkeit von Angaben, Hinweisen, Links und Ratschlägen sowie eventuelle Druckfehler keine Haftung.

Das Buch bei GRIN: https://www.grin.com/document/210428

Inhaltsverzeichnis

1. Einleitung

Im Zuge unseres Seminars haben wir uns unter anderem mit der Theorie von Organisationslernen beschäftigt. Hierbei lag der Schwerpunkt in der Praxis auf zivilen Unternehmen, welche sich durch das Organisationslernen den wandelnden Bedingungen anpassen. Obwohl die meisten zivilen Unternehmen hierarchisch aufgebaut sind, werden sie nicht streng autoritär geführt wie beim Militär. Im Gegensatz zu zivilen Unternehmen basiert der Führungsprozess auf dem Prinzip von Befehl und Gehorsam. Hierbei wirft sich mir die Frage auf, welche Möglichkeiten und Grenzen durch das strenge autoritäre Führungssystem beim Militär gegenüber Organisationslernen bestehen.

Meine Hausarbeit ist in drei Abschnitte unterteilt. Im ersten Abschnitt meiner Hausarbeit stelle ich die zwei Theorien von Organisationslernen dar. Im zweiten Abschnitt werde ich kurz auf die unterschiedlichen Führungsstile nach Kurt Lewin eingehen. Hierbei werde ich jedoch meinen Schwerpunkt auf den autoritären Führungsstil setzen. Anschließend werde ich die zwei theoretischen Ansätze der militärischen Führungskonzeption vorstellen. Ich werde dabei dem „Führen mit Befehl", dem „Führen mit Auftrag" gegenüberstellen und dessen Chancen und Hindernisse darstellen.

Im letzten Abschnitt meiner Hausarbeit nehme ich Bezug auf die schon oben genannte Fragestellung. Des Weiteren werde ich mich genauer mit der Transformation der Bundeswehr beschäftigen und dies dann der Theorie des Organisationslernens gegenüberstellen.

Zum Schluss meiner Hausarbeit werde ich die dargestellten Ausführungen zusammenfassen und ein kurzes Kommentar dazu geben, welches hauptsächlich meine Meinung bezüglich autoritärer Führung in Verbindung mit Organisationslernen beinhaltet.

2. Theorie des Organisationslernens

Zunächst möchte ich definieren was überhaupt eine „lernende Organisation" ist. Allgemein ist zu sagen, dass eine „lernende Organisation" eine Organisation sein muss, welche auf sowohl äußere als auch innere Situationsänderung ein anpassungsfähiges Verhalten vorzeigt. Dieses Anpassungsverhalten lässt sich durch die Beurteilung der getroffenen Entscheidungen eines Unternehmens in Bezug auf die gegebenen Umstände verdeutlichen. Dabei muss eine Organisation immer aus einer Vielzahl von unterschiedlichen Entscheidungen wählen und ihr Verhalten sowohl retrospektiv als auch prospektiv analysieren. Es wird unterschieden zwischen dem Gleichsetzen von Organisationslernen mit Individuallernen[1] und dem Theorieansatz, dass Organisationen selbst lernen können[2]. Im weiteren Verlauf werde ich mich hauptsächlich mit der Gleichsetzung des Organisationslernens mit dem Individuallernen beschäftigen, da ich hier meinen Schwerpunkt bei der späteren Betrachtung der Fragestellung der Chancen und Hindernisse des Organisationslernens beim Militär setze.

Das Hauptinstrument der Theorie vom Individuallernen als Organisationslernen liegt in der Kommunikation und der Möglichkeit der offenen Diskussion der Organisationsmitglieder. Hierbei lernt eine Organisation durch beispielsweise. eine offene Diskussion der Organisationsmitglieder auf dem Weg des „gemeinsamen Erkenntnisinteresses"[3]. Somit avanciert das Individuum selbst zum Subjekt des Lernens. Hierbei wird im Prinzip die Organisation als Erkundungsgemeinschaft angesehen, welche sich dadurch auszeichnet, dass alle Subjekte in der Organisation ähnliche Lernziele für die Organisation haben. Durch das Mittel der Kommunikation vollzieht sich unter anderem der Lernprozess und wird auch an die anderen Mitglieder getragen. Aufgabe der Organisationsmitglieder ist es:

---

[1] Vgl. Geißler, Organisationspädagogik, 2000, S. 47ff.
[2] Vgl. Michael Göhlich, Caroline Hopf, Pädagogische Organisationsforschung, 2005, S.36ff.
[3] Vgl. Geißler, Organisationspädagogik, 2000, S. 47ff.
[4] Vgl. Geißler, Organisationspädagogik, 2000, S. 47f.

1. Für die Organisation wertschöpfend zu arbeiten

2. Alle Möglichkeiten zur Verbesserung seiner wertschöpfenden Beiträge zu nutzen

3. Sein gewonnenes Wissen an andere weiter zu geben und didaktisch-lernmöglichende Funktionen zu übernehmen[5]

Die Aufgabe der Führung ist es, die Organisationsmitglieder so zu koordinieren, dass die Überlebensfähigkeit garantiert ist und die Organisation optimiert. Dafür muss die Organisation durch die Führung die Lernziele der jeweiligen Mitglieder identifizieren und verwirklichen. Deshalb ist heutzutage auch Organisationslernen und Weiterbildung die strategische Antwort auf die zukünftigen Herausforderungen einer Organisation. Dies ist auch der Grund, weshalb die Art des Führungsstils maßgeblich daran beteiligt ist, ob wie schnell und wie gut sich eine Organisation den gegebenen Umständen anpasst.

2.1 Militär als „Lernende Organisation"

Im Verlauf des Seminars wurde deutlich, dass es für die meisten Organisationen in der freien Marktwirtschaft die Notwendigkeit besteht, sich mehr oder weniger permanent den äußeren und inneren Veränderungen anzupassen. Dabei stellt sich die Frage, ob es auch Organisationen gibt, welche nicht direkt zu den „Lernenden Organisationen" gehören. Dafür ziehe ich nur Organisationen mit starkem Nischencharakter oder welche mit Monopolstellung in Betracht. Hierbei sticht für mich das Militär als stärkste Organisation mit Monopolcharakter heraus, wenn man diese als „Teilorganisation" des Staates ansieht. Ich stelle mir die Frage, was das Militär als „lernende Organisation" kennzeichnet. Diese Frage werde ich im Folgenden genauer erklären.

Die Bundeswehr wurde am 12. März 1955, als eine Freiwilligenarmee gegründet. Drei Monate später erfolgt bereits die erste strukturelle Wandlung zu einer

---

[5] Vgl. Michael Göhlich, Caroline Hopf, Pädagogische Organisationsforschung, 2005,S. 37

Wehrpflichtarmee[6]. Schon diese strukturelle Änderung der Bundeswehr zeigt, dass diese zur Erfüllung der damaligen Hauptaufgabe, der Verteidigung von Deutschland, es zu einer Transformation kommen musste. Die wohl für die Bundeswehr bis jetzt größte Umbruchphase liegt in dem Ereignis des Mauerfalls begründet, was als Symbol für das Ende des „Kalten Krieges" steht. Dies zieht radikale Transformationen seitens des Aufgabenspektrums und der Struktur der Bundeswehr mit sich. Die Bundeswehr muss sich von einer Verteidigungsarmee in eine Armee im Einsatz entwickeln. Der Transformationsprozess wird meiner Meinung nach nie vollständig abgeschlossen sein. Die Auswirkungen von Auslandseinsätzen der Bundeswehr und dessen Konsequenzen bezüglich Material und Ausbildung sind nur eine der wenigen Beispiele für sowohl äußere als auch innere Wandlungsprozesse in dieser Organisation. Nicht zuletzt auch die wieder aufgekommene Debatte über die Abschaffung oder Verkürzung der Wehpflicht führt zu weiteren Transformationsmaßnahmen für die Bundeswehr. Zusammenfassend lässt sich also feststellen, dass die Bundeswehr als „Lernende Organisation" zu betrachten ist

3. Führungsstile nach Kurt Lewin

Kurt Lewin unterscheidet drei verschiede Führungsstile:

1. Autoritäre Führung
2. Demokratische Führung
3. Laisser-Faire Führung

Ich beziehe mich im Folgenden ausschließlich auf den autoritären Führungsstil, da dieser für die militärische Befehlstaktik kennzeichnend ist. Der Begriff „Autorität" bezeichnet selbst schon, ähnlich wie beim Führungsbegriff, die Möglichkeit einer Person durch ihre Überlegenheit eine andere Person oder eine Personengruppe zu beeinflussen. Beim autoritären Führungsstil liegt eine strikte Trennung zwischen der

---

[6] Vgl. Internetquelle

ausführenden Ebene und der führenden Ebene. Der große Vorteil des autoritären Führungsstils liegt in seiner Handlungsfähigkeit. Durch die klare Führungs- und Organisationsstruktur wird die Handlungskette durch den Vorgesetzten klar vorgegeben.[7] Daraus ergibt sich auch der Vorteil der hohen Entscheidungsgeschwindigkeit eines solchen Systems. Zusätzlich liegt die Verantwortung beim Führungspersonal. Dies könnte jedoch wiederum als Nachteil ausgelegt werden, da eine fehlende Verantwortungsverteilung zu Lasten der Qualität der Handlung laufen kann. Der große Nachteil dieses klassischen Stils ist, dass sich eine Distanz zwischen Führungs- und Ausführungsebene aufbauen kann. Dies führt dazu, dass Mitarbeiter demotiviert sein können, da sie über den Sinn und Zweck einer Anweisung nicht informiert sind oder weil sie keinerlei Mitbestimmungsrechte haben. Dies unterdrückt die Eigeninitiative der Mitarbeiter und kann zu typischen Verhaltensweisen wie z.b. dem „Dienst nach Vorschrift" führen. Andererseits kann der Vorgesetzte in seiner Position überfordert sein, da jegliche Entscheidung, sogar die Kontrolle der richtigen Ausführung, bei der Führungsposition liegen. Bei möglichen fehlerhaften Einschätzungen trägt er die gesamte Verantwortung. Außerdem ist es fraglich, ob die Arbeit auch in Abwesenheit des Vorgesetzten weiterhin erfüllt werden kann, da ja die Kontrolle entfällt. Dies ist insbesondere für das Militär eine zentrale Frage, da die Möglichkeit eines Ausfalls der militärischen Führung immer präsent ist. Dies kann allein schon bei dem Ausfall eines Führungsmittels geschehen z.B. bei Verlust des Sichtkontaktes oder, allgemein gefasst, bei Verlust der Kommunikation. Dies ist auch der Grund für den Bedeutungsschwund der klassischen Variante des „Führens durch Befehl". Meistens wird heute eine Mischform oder die Methode des „Führen mit Auftrag" bevorzugt eingesetzt.

3.1 Führung in Bezug auf Wirtschaft und Militär

Im weiteren Verlauf meiner Hausarbeit möchte ich genauer auf die Führung und ihre unterschiedlichen Stile eingehen. Der Führungsstil in einer Organisation beeinflusst

---

[7]) Rolf Wunderer, Führungslehre Band 1 Grundlagen der Führung, 1980

maßgeblich den Lerncharakter der Organisationsmitglieder. Zunächst werde ich den Begriff Führung für meine Zwecke genauer betrachten.

Für den Begriff „Führung" gibt es unterschiedliche Definitionen. Auch die Bundeswehr hat z.b. in der HDv 100/200 versucht, den Begriff Führung wie folgt zu definieren: „zielgerichteter Einsatz von Kräften und Mitteln nach Raum und Zeit". Was diese Definitionen alle gemeinsam haben, ist aber eine bewusste Einflussnahme auf die Mitglieder einer Organisation. Stock-Homburg beschreibt fünf Merkmale, welche für eine Führungssituation[8] charakteristisch sind:

1. Vorhanden-Sein von mindestens zwei Personen: die Führungsperson und der geführte Mitarbeiter
2. Sattfinden einer sozialen Interaktion: Verhalten der Führungsperson wirkt sich auf das Verhalten der geführten Person aus, wobei das Verhältnis zwischen den beiden Personen eine zentrale Rolle annimmt
3. Interaktionsbeziehung verläuft asymmetrisch: Führungsperson setzt ihren Willen gegenüber der geführten Person durch aufgrund der unterschiedlichen Machtverteilung
4. Die Einflussnahme erfolgt zielorientiert (auf das Verhalten, die Einstellung)
5. Die Interaktion ist dynamisch: permanente Veränderung der Situation im Unternehmen oder seitens der geführten Personen

In der Sozialpsychologie und der Soziologie wird im Allgemeinen unter Führung die „Ausübung bestimmter, charakteristischer Funktionen angesehen"[9]. Die weitere Aufgabe des Vorgesetzten ist die Interessenvertretung der jeweiligen Gruppe, in der er sich bewegt und das Verhalten der Gruppenmitglieder dahingehend zu steuern, dass die von ihm erteilten Aufgaben auch erfüllt werden.

---

[8] Ruth Stock-Homburg, Personalmanagement: Theorien-Konzepte-Instrumente,2008, S. 379
[9] Ingrid Lukatis, Organisationsstrukturen und Führungsstile in Wirtschaftsunternehmen, S. 10

3.2 Befehlstaktik vs. Führen mit Auftrag

Im militärischen Bereich möchte ich zunächst einmal zwischen „Führen mit Auftrag" und dem „Führen mit Befehl" differenzieren. Hierfür muss erst definiert werden, was ein „Befehl" ist, da dies mit einem Auftrag aus dem zivilen Wortgebrauch vergleichbar gemacht werden muss. „Ein Befehl ist eine Anweisung zu einem bestimmten Verhalten, die ein militärischer Vorgesetzter einem Untergebenen schriftlich, mündlich oder in anderer Weise, allgemein oder für den Einzelfall und mit dem Anspruch auf Gehorsam erteilt"[10]. Hierbei hat der Vorgesetzte gegenüber dem Untergebenen die Pflicht zu prüfen, ob der Befehl rechtmäßig, zweckmäßig und angemessen ist. Deshalb besteht auch im Prinzip eine Analogie zu einer erteilten Aufgabe, jedoch ist der Anspruch auf Gehorsam nicht so stark vertreten wie bei einem Befehl.

Die erste Methode der militärischen Führung liegt in der Methode des „Führens mit Auftrag". Das „Führen mit Auftrag" ist selbst keine streng definierte Methode, die jedoch gewisse Grundannahmen festlegt. Grundlegend ist zu sagen, dass beim „Führen mit Auftrag" wichtig ist, dass dem Untergebenen die Absicht und die Ziele der höheren Führung bekannt sein müssen. Dafür muss der Vorgesetzte dem Untergebenen ein klar definiertes Ziel und die dafür benötigten Kräfte geben. Hierbei fassen die Kenntnisse und die „Freiheit des Handelns" ineinander. Durch die Kenntnisse über den Auftrag und dessen eventuelle Einschränkungen kann der Untergebene gemäß eines gesetzten Spielraumes eigenständig nach eigenem Ermessen zur Auftragserfüllung handeln. „612. Führung muss Handlungsspielräume, Mitwirkung und Mitverantwortung ermöglichen. Vorgesetzte haben deshalb vorrangig vom „Führen mit Auftrag" Gebrauch zu machen. Dabei müssen sie gegebenenfalls andere als die eigenen Lösungsansätze akzeptieren."[11]

Dies ist theoretisch vorteilhaft, da dies z. B. zur Entlastung der höheren Führungsebene führt. Es muss keine permanente Kontrolle der Tätigkeiten erfolgen und da der Untergebene lagebezogen handeln soll. Jedoch ist hier auch wieder die

---

[10] Vgl. § 2 Nr.2 Wehrstrafgesetz
[11] Vgl. ZDV 10/1, 612, S. 22

Kommunikation zwischen Vorgesetztem und Untergeben eingeschränkt, da hier wenig Spielraum zur Diskussion während eines einzelnen Befehls besteht. Eine übertriebene ständige Diskussion wäre in einer militärischen Organisation nicht zweckmäßig. Trotzdem sollte ein guter militärischer als auch ziviler Führer, wenn die Möglichkeit dazu besteht, immer ein „offenes Ohr" für Verbesserungsvorschläge sowie Sorgen und Nöte seiner Untergeben haben. Dies lässt sich gut anhand der Entwicklung der ZDV 10/1 für „Innere Führung" veranschaulichen. „Die Grundsätze der „Inneren Führung" bilden die Grundlage für den militärischen Dienst in der Bundeswehr und bestimmen das Selbstverständnis der Soldatinnen und Soldaten. Sie sind Leitlinie für die Führung von Menschen und den richtigen Umgang miteinander."[12] Die Kernaufgabe der „Inneren Führung" ist die Beschreibung der Führungskonzeption der Bundeswehr, welche auf dem Prinzip des „Staatsbürgers in Uniform" basiert.[13]

In den Anfängen dieser Vorschrift Ende der 50er Jahre steht die Integration des „einfachen" Soldaten in die Truppe zur Erhöhung der Leistungsfähigkeit der Bundeswehr als Gesamtheit im Mittelpunkt[14]. Im Vergleich zu der damaligen Zeit stehen heute in der ZDV 10/1 das Vertrauen und die Persönlichkeitsentwicklung des einzelnen Soldaten im Vordergrund.

> „605. Vertrauen ist die wichtigste Grundlage für menschliches Miteinander und Kameradschaft sowie Wesensmerkmal einer verantwortungsbewussten Menschenführung. Vertrauen und Kameradschaft verbinden besonders in Belastungssituationen über alle Dienstgradgruppen hinweg. Vertrauen setzt Menschenkenntnis und Einfühlungsvermögen voraus. Vorgesetzte müssen sich deshalb Zeit für die ihnen anvertrauten Soldatinnen und Soldaten nehmen. Sie müssen sie kennen und verstehen lernen. Dazu müssen Vorgesetzte aufgeschlossen auf die ihnen anvertrauten Menschen zugehen"[15].

Hierbei sehe ich jedoch ein Problem in dem Aufbau der Personalstruktur. Aufgrund der erhöhten Anforderungen an die Flexibilität von Führungskräften insbesondere von Offizieren, scheint es mir schwer zu Anfang den Kontakt zu jedem einzelnen

---

[12]Vgl. ZDV 10/1, 101, S. 7
[13] Vgl.ZDV10/1, 401 -403, S. 15f
[14] Vgl. Schriftenreihe Innere Führung,1957, S. 92
[15] ZDV 10/1, 605, S. 21

Soldaten herzustellen. Hierbei stellt sich somit die Frage, ob die in der Theorie gestellten Forderungen des „anvertrauen" umgesetzt werden können.

Die Übergänge vom „Führen mit Befehl" und „Führen mit Auftrag" sind heutzutage fließend und nicht mehr so scharf getrennt wie vielleicht früher. „Führen mit Befehl" wird heutzutage mit dem Begriff des „Kadavergehorsam" verwechselt, womit man im Prinzip einen uneingeschränkten Gehorsam bezeichnet bzw. die Unterwerfung des Untergegeben gegenüber des Vorgesetzten. Jedoch meint „Führen mit Befehl" im Prinzip die allgemeine Taktik der Befehlsführung. Hierbei wird jedoch nicht berücksichtig wie z.b. beim „Führen mit Auftrag", ob die Absicht des Vorgesetzten dem Untergeben bekannt ist und der Untergebene hat nur wenig Möglichkeit zum freien Handeln. Wie schon an dem strukturellen Ablauf des klassischen „Führen mit Befehl" zu sehen ist, ist dies für eine „Lernende Organisation" nicht zielführend, da hier unter anderem das Mittel der Kommunikation zwischen Untergebenen und Vorgesetzten nicht gegeben ist. Dies würde bei strenger Betrachtung zu einer kommunikativen Einbahnstraße führen. Diese Methode ist im modernen Verständnis von militärischer Führung nicht mehr zeitgemäß, weshalb sie auch zunehmend in den Hintergrund tritt und deswegen im Rahmen meiner Hausarbeit fallen gelassen werden kann.

4. Integration der Untergebenen in den Lernprozess der Organisation Bundeswehr

Ich möchte nun auf die von mir in der Einleitung aufgeworfene Frage zurück kommen, inwieweit die Bundeswehr als eine „Lernende Organisation" bezeichnet werden kann. Dabei stelle ich mir die Frage, welche Maßnahmen hat die Bundeswehr als Organisation bereits ergriffen, um als Organisation zu „lernen", welche Möglichkeiten es gibt ihr Personal und dessen individuelle Fähigkeiten zu nutzen.

Wie schon oben dargestellt, ist die erste Maßnahme vieler Armeen und auch der Bundeswehr die Wahl des Führungsstils „Führen mit Auftrag". Selbstverständlich kommt es bei einer starr geprägten autoritären Führung nicht bei jedem Befehl zu Diskussionen. Dennoch sollte der militärische Führer immer dem Untergebenen Handlungsspielräume gewähren, allein schon aus dem Grund, dass die Kapazitäten der menschlichen Wahrnehmung begrenzt sind. Des Weiteren wird in der ZDV 10/1 gefordert:

> „612. Führung muss Handlungsspielräume, Mitwirkung und Mitverantwortung ermöglichen. Vorgesetzte haben deshalb vorrangig vom Führen mit Auftrag Gebrauch zu machen. Dabei müssen sie gegebenenfalls andere als die eigenen Lösungsansätze akzeptieren."[16]

Somit wird die offene Diskussion zwischen militärischem Führer und Untergebenen „befohlen".

Eine weitere stellvertretende Maßnahme der „Lernenden Organisation" Bundeswehr sind die Einführungen von Kampagnen. Bei der Kampagne zur Steigerung der Energieeffizienz möchte ich hier kurz auf die oben genannten theoretischen Vorgaben einer „Lernenden Organisation" vor Augen führen. Eine Grundannahme als Voraussetzung für „Lernende Organisationen" liegt in der Transformation der Organisation durch innere als auch äußere Reize. In diesem Fall ist der äußere Reiz die steigenden Energiekosten[17] auf dem Markt. Die Erhöhung der Kosten für die Bundeswehr bei gleichbleibendem Etat, würden Einsparungen zur Folge haben, welche sich beispielsweise auf die Besoldung der Angehörigen der Streitkräfte negativ auswirken würde. Dies hat zur Entwicklung der Kampagne geführt, in der die Angehörigen der Streitkräfte und seiner zivilen Mitarbeiter auf das Thema der Energieeffizienz und der Einsparungen sensibilisiert werden. Hierbei wird darauf Wert gelegt, die Erforderlichkeit einer solchen Maßnahme und dessen Sinn und Zweck für den Einzelnen der Kampagne zu vermitteln. Der Erfolg einer solchen Kampagne kann meiner Meinung nach nur erzielt werden, wenn durch die Kampagne der Einzelne überzeugt werden kann. Dies ist angelehnt an die Annahme,

---

[16] ZDV 10/1, 612, S. 22
[17] Vgl. Internetquelle

das Organisationslernen immer nur durch das Individuallernen der Organisationsmitglieder erfolgt.[18] Somit hat das Subjekt als Organisationsmitglied die Aufgabe:

1. Für die Organisation wertschöpfend zu arbeiten
2. Alle Möglichkeiten zur Verbesserung seiner wertschöpfenden Beiträge zu nutzen
3. Sein gewonnenes Wissen an andere weiter zu geben und didaktisch-lernmöglichende Funktionen zu übernehmen[19]

Die Kampagne nutzt hierfür als Kommunikationsmittel unter anderem Broschüren, Aktionswochen, in denen sie durch Werbeslogans wie „Einfach öfter abschalten –im Dienst und zu Hause" die Soldaten und zivile Angestellten anspricht[20]. Hier liegt auch ein weiterer Punkt des Vermittlungsversuches, in dem die Organisation Bundeswehr einen Bezug zwischen privaten als auch dienstlichem Verhalten zu wandeln versucht. Des Weiteren werden Seminare und Workshops[21] angeboten, in denen auch die offene Diskussion betrieben werden kann. Hier können auch Verbesserungsvorschläge seitens der Teilnehmer erfolgen.

Ein weiterer Beleg für die lernende Organisation Bundeswehr liegt in den ständigen Transformationsprozess der Bundeswehr. Die Wandlung der Bundeswehr von einer Verteidigungsarmee zu einer Armee im Einsatz. Zusätzlich öffnet sich die Bundeswehr mehr und mehr zivilen Unternehmen und muss sich dadurch auch in ihrer Struktur anpassen. Hierbei muss man inzwischen von einer Privatisierung von Teilbereichen der Bundeswehr sprechen. Gründe sind hierfür in dem Versuch der wirtschaftlichen Optimierung der Bundeswehr zu sehen[22]. Dadurch darf man das „Führungsspektrum" der Bundeswehr nicht alleine auf dem autoritären Bereich belassen, da zunehmend zivile und wirtschaftliche Faktoren Einfluss auf die

---

[18] Vgl. Geißler, Organisationspädagogik, 2000, S. 47ff.

[19] Vgl. Michael Göhlich, Caroline Hopf, Pädagogische Organisationsforschung 2005,S. 37
[20] Vgl. Internetquelle
[21] Vgl. Internetquelle
[22] Vgl. Internetquelle

Bundeswehr als Organisation nehmen. Insbesondere steht hierbei der Wissenstransfer und Erfahrungsaustausch mit Industrie und Wissenschaft im Vordergrund. Stellvertretend ist dafür das Transformationszentrum der Bundeswehr, welches sich mit folgenden Aufgaben befasst:

1. Fähigkeitsprofil der Bundeswehr kontinuierlich weiterentwickeln,
2. Übungen und Experimente durchführen,
3. Modellbildung und Simulationen betreiben,
4. Einsätze planen, vorbereiten, durchführen und nachbereiten helfen,
5. Militärische Planungs- und Entscheidungsprozesse unterstützen und
6. in Zusammenarbeit künftige Einsätze bewerkstelligen helfen.[23]

5. Fazit

In der Einleitung habe ich die Frage aufgeworfen, wo die Möglichkeiten und Grenzen des Militärs durch das strenge Hierarchiesystem gegenüber Organisationslernen bestehen und inwiefern die Bundeswehr überhaupt dem Anpassungsprozess unterliegt.

Ich bin dabei zur Überzeugung gelangt, dass die Bundeswehr durchaus ständigen Anpassungen unterworfen ist. Die Gründe hierfür sehe ich weniger in der wirtschaftlichen „Überlebensfähigkeit", sondern eher in den politischen und insbesondere den immer mehr zunehmenden gesellschaftlichen Erwartungen, welche an die Organisation Bundeswehr gestellt wird. Dies schlägt sich auch in den Führungsprozessen nieder. Ich sehe die Chancen der „Organisation Bundeswehr" für organisationales Lernen in der weiteren Öffnung des Führungsprozesses und in stetigen Anpassungsmaßnahmen. Insbesondere Einrichtungen wie das Transformationszentrum der Bundeswehr und die fortlaufende Anpassung von Dienstvorschriften wie der ZDV 10/1 zeigen meiner Meinung nach, dass eine

---

[23] Vgl. Internetquelle

Betrachtung alleine des autoritären Bereiches der Führung für eine Gesamtbetrachtung nicht ausreichend ist.

Wenn man nun jedoch die Führung auf ihren Mikroprozess zwischen militärischem Führer und Geführten reduziert gibt es jedoch starke Einschränkungen. Wie schon angedeutet, kann es nicht Sinn und Zweck einer militärischen Organisation sein, z.B. jeden einzelnen Befehl von allen Seiten her zu hinterfragen. Dies wäre nicht zweckführend für die Auftragserfüllung im Einzelnen. Probleme sehe ich bei der immer höheren geforderten Flexibilität. Dadurch wird meiner Meinung nach der Aufbau einer tiefergreifenden Vertrauensbasis zwischen Vorgesetzten und Untergebenen erschwert. Dies ist jedoch ein zentraler Aspekt. Nur wenn unter den Soldaten untereinander in allen Dienstgradgruppen Vertrauen herrscht, ist eine maximale Leistungsfähigkeit überhaupt in einer militärischen Organisation möglich. Ein weiterer Schwerpunkt in Bezug auf den Anforderung für Organisationslernen überhaupt besteht in der guten, ständig weiterentwickelten Ausbildung der höheren Führungsebene. Schließlich ist die Ausbildung eines Soldaten ausschlaggebend auf sein militärisches Verhalten. Nicht zu vernachlässigen ist aber, dass Führung im Einzelnen sehr stark von der Führungspersönlichkeit abhängt. Eine weitere Chance der Organisation Bundeswehr sehe ich auch insbesondere in dem Erscheinungsbild der Bundeswehr.

Meiner Meinung nach ist eine Armee in der Lage, durch ihr in der Öffentlichkeit dargestelltes Bild Einfluss auf die Meinung der Gesellschaft und anderer Streitkräfte im internationalen Vergleich zu nehmen. Der Vergleich der Streitkräfte untereinander gewinnt meiner Meinung nach zunehmend an Bedeutung aufgrund der Teilnahme unterschiedlicher Nationen an Auslandseinsätzen.

Zusammenfassend bleibt jedoch zu sagen, dass der Mensch selbst mit seinem Charakter wohl der stärkste Faktor in der Führung ist direkten Rückschluss auf alle vorherigen genannten Argumente zu betrachten bleibt

14

Quellen

Neuberger, Oswald: „Führen und führen lassen." 6. Auflage, Stuttgart, Lucius & Lucius, 2001.

Lukatis, Ingrid: „Organisationsstrukturen und Führungsstile in Wirtschaftsunternehmen." Band 6, Frankfurt am Main, Akademische Verlagsgesellschaft Frankfurt 1972.

Stock-Homburg, Ruth: „Personalmanagement. Theorien - Konzepte – Instrumente." Wiesbaden, betriebswirtschaftlicher Verlag 2008.

Bundesministerium der Justiz (Hrsg.): „Soldatengesetz".

Bundesministerium der Verteidigung (Hrsg.): „HDv 100/200. Führungsunterstützung Heer." Stand: 1998.

Bundesministerium der Verteidigung (Hrsg.): HDv 100/100 Truppenführung von Landstreitkräften." Stand: 2007.

Bundesministerium der Verteidigung (Hrsg.): „ZDv 10/1 Innere Führung. Selbstverständnis und Führungskultur der Bundeswehr". Berlin, 2008.

Bundesministerium der Verteidigung (Hrsg.): „ZDv 10/1 Hilfen für die Innere Führung. Sonderdruck für die Öffentlichkeitsarbeit der Bundeswehr." Bonn, 1972

Internetquelle:

www.bundeswehr.de Stand: 2010

BEI GRIN MACHT SICH IHR WISSEN BEZAHLT

- Wir veröffentlichen Ihre Hausarbeit,
  Bachelor- und Masterarbeit

- Ihr eigenes eBook und Buch -
  weltweit in allen wichtigen Shops

- Verdienen Sie an jedem Verkauf

Jetzt bei www.GRIN.com hochladen und kostenlos publizieren